小学生からの なんでも 法律相談

4巻 まちの中のいろいろな法律

監修

小島洋祐
（虎ノ門法律経済事務所 弁護士）

髙橋良祐
（公益財団法人才能開発教育研究財団
日本モンテッソーリ教育綜合研究所 所長）

渡辺裕之
（千代田区立番町小学校 校長）

この本の監修の先生からみなさんへ

全国の小学生のみなさんこんにちは。みなさんは法律というと大変むずかしいもの、自分にはあまり関係ないものと思っているかもしれません。しかし、法律はみなさん一人一人が安全にそして幸せに生きていくために身近に存在する大切なものなのです。法律は日本国憲法を中心としてたくさんの法律で成り立っています。法律は最低限の道徳ともいわれています。法律を守ることによってより良い生活を送ることができます。法律を理解することにより、みなさん一人一人が自由で安全でそして豊かな生活を送ることを心から願っています。

小島洋祐
虎ノ門法律経済事務所 弁護士

みなさんは「法律」と聞くとどんなことを思い浮かべるでしょうか。「国の決まり」「むずかしそう」「よくわからない」「悪い人をつかまえるため」などなど自分にはあまり関係ないものと思っていませんか？この本にはみなさんが安心・安全に暮らしてくための法律や、学校で楽しく勉強するための法律などが書かれています。この本でわかった法律のことをお友だちやおうちの方とたくさん話してみてください。むずかしいと思っていた法律が、より身近になり、もっと知りたいと学びたくなると思います。

髙橋良祐
公益財団法人才能開発教育研究財団
日本モンテッソーリ教育
綜合研究所 所長

「法律」という言葉は知っていても、実際に法律が自分にどのように関わっているかは知らない人も多いかもしれません。この本は、そんな子どもたちのために、「法律」の種類や仕組み、自分たちと法律の関わりをわかりやすく説明しています。読み進めると、「法律」が毎日の生活を支えてくれるもので、自分たちが法律に守られていることなどに気づくでしょう。弁護士などの法律に関係する仕事を目指そうとする人もそうでない人にも役に立つことがたくさん紹介されているので、多くの人に手に取って読んでもらいたいです。

渡辺裕之
千代田区立番町小学校 校長

この本では、ぼくたちが
生活している中で生まれた疑問に、
法律がどのように関わっているか
紹介しているんだ！
疑問の答えには、
どんな法律が
関わっているか
小島先生がやさしい
言葉で説明して
くれているよ。
この法律がなかったら……と
想像してみると、どうして
決まりができたのか
その大切さに気づくはず。
いっしょに考えてみてね。
カズキ
ユウリ
小島先生

※本文に出てくる法律の条文などは、
2020年9月時点の内容に基づき、
子どもにわかりやすい言葉に訳しています。

もくじ

ぼくたちの、わたしたちの疑問１

人の家に勝手に入るのはいけないよね？

今日はみんなで映画を見に行くんだ！
ピンポーン
ユウリちゃん、はりきって早くむかえに来ちゃった。
おはよう！トモヤくんたちとの待ち合わせの時間までまだまだだよ。
じゃあ、時間まで遊ぼうよ。バドミントンしない？
ひょーい
ああっ!!
となりの人の家の庭に入っちゃった！
どうしよう！
早く取りに行かなくちゃ……。

あ、すぐそこにあるから取れそうだね。ピンポンしてみようか。
庭だけだし、ちょっと入って取ればよくない？
門も開いてるし！
えー……、でも……。
急いで取ってこようよ。
ふたりとも、どうしたの？
あっ、小島先生！
バドミントンの羽根が人の家の庭に入っちゃって……。
取るだけならちょっとくらい入ってもいいですよね？
この家の人に許可は取った？
ちょっとだけだと思うかもしれないけれど、だめだよ。人の家の庭だから、法律も関わってくるんだよ。
えー

人の家に勝手に入ったらどうなるの？

悪いことをするわけじゃないけど……。

もし、家の人に許可なく、家へ入ると、**住居侵入罪**という罪になります。たとえば、ものをぬすもうと、勝手に家などに入ったとき、何かぬすむ前だったとしても住居侵入罪が成立して、罪になる場合があります。

まだぬすんでいないよ！
逮捕します！

法律をチェック

刑法第130条では……
「勝手に、人の家や建物に入ったり、『帰ってください』と言われてもその建物から出なかったりすると、罪になる」と決められているよ。

また、だれかの家でなくても、「立入禁止」と書かれているところに、勝手に入るのも「軽犯罪法」という法律で禁止されています（→42ページ）。たとえば、きもだめしなどの遊びのつもりで立入禁止の建物にしのびこむことなども罪となることがあります。

立入禁止

知っている人の家でもだめだよね？

もちろん、知り合いや友だちの家だったとしても、勝手に入るのはいけません。また、友だちの家に行くときは、友だちが「いいよ」と言ってくれていても、友だちの許可だけでなく、その友だちのおうちの人にも確認してもらっておきましょう。自分のおうちの人にも伝えてから行くようにしましょう。

17時までね。
明日、友だちを家に呼んでもいい？

友だちがわたしの家に来て、わたしが「入っていいよ」と言って、家に入ったら法律違反じゃないよね？

そうだね。でも、家族と「勝手に友だちを家に入れない」と約束しているなら、守らなくてはいけないよ。

庭でも勝手に入っちゃだめなの？

庭ならちょっとくらい
いいと思ったけど……。

勝手に入ってはいけないのは家の中だけではなく、庭についても同じです。庭も家の一部だと考えられ、入るときにはかならず許可が必要です。

人が持っている庭や土地のことを、「私有地」と言います。私有地には、他人が許可なく入ることは許されていません。

❶許可なく入る。

人の私有地に勝手に入ったり、近道のために、横切ったりしてはいけません。

❷ものを取ってしまう。

人の私有地にあるものを勝手に取って、自分のものにしてはいけません。

おいしそう！

❸自転車や車をとめる。

人の私有地に自分の自転車や車を勝手にとめてはいけません。

ピンポンダッシュは罪になるの？

人の家のインターホンをおして、人が出てくる前ににげる「ピンポンダッシュ」というとても迷惑ないたずらがあります。遊びでやっているかもしれませんが、これは犯罪に問われることもあります。たとえば、家で仕事をしていて、そのいたずらによって仕事のじゃまをされたときなどは**業務妨害罪**という罪になる場合もあるのです。絶対にやめましょう。

ぼくたちの、わたしたちの疑問②

落とし物は届けないといけないよね？

羽根も取れたし、
また法律のことも
わかったし、よかったね！
そうだね！
そろそろ、
駅に行こうか！
うん。あっ、待って。
その前に
ジュース買いたいな。
あっ！
ぼくも買う！
ん？
スマホが
落ちてるね。
落とし物？
だれのだろう？
きっと持ち主も
こまっているよ〜！
よし！
交番に届けよう！
うん！

持ち主が見つかったら、お礼とかもらえるかな～。
人のものだから、届けて当たり前だよ。
でも、もし交番に届けなかったらどうなるのかな？
うーん。スマホには名前が書いていないから自分のものにしちゃっても、わからないのかも……。
じゃあ、自分が落とした場合、拾った人のものになっちゃうかもしれない？
ありうるね！　でも自分が落とした物が勝手にだれかのものになったら、こまるね……。
スマホには個人情報とか大切なものがたくさん入っているしね。
やっぱり落とし物を届けないで勝手に自分のものにしたら、ぬすんだのと同じだよね。
そうだね。でも、落とし物って届けたあとはどうなるのかな？

落とし物は絶対に届けないといけないの？

人のものだから届けないといけないと思う！

落とし物を届けずに自分のものにすると**遺失物等横領罪**に問われます。（刑法第254条）落とし物のあつかい方が決められた「遺失物法」という法律があり、落とし物は、警察へ届けなければいけません。

また、お店や施設の中で拾った場合は、その店の人や、施設の人に届けます。

法律をチェック

遺失物法第４条第１項と第２項では……
「落とし物を拾った人は、すぐに持ち主に拾ったものを返すか、警察へ届けなければいけない」
「施設において、落とし物を拾った場合は、すぐに施設の者にわたさなければいけない」
と決められているよ。

落とし物はどうなるの？

交番（警察）に落とし物を届けます。拾った人には、拾った日や場所などを書いた「拾得物件預り書」という書類がわたされます。

警察署では、落とし物を確認して、持ち主の手がかりになるものを探します。もし、連らく先がわかった場合は、持ち主へ連らくし、返します。

手がかりはないかな。

手がかりがなかったり、持ち主が見つからないものは、約１か月後に遺失物センターに送られます。

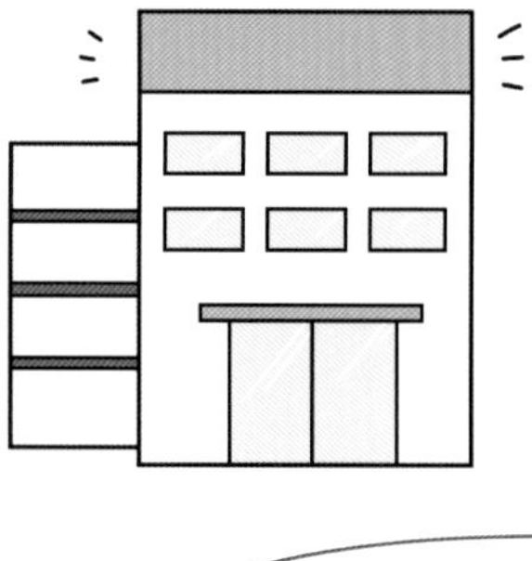

落とし主が見つかったときは、落とし物はその人に返されます。このとき、落とし主は、拾った人に一定の割合のお礼をはらうことになっています。（拾った人がお礼を受けとらないとしている場合ははらいません。）３か月過ぎても持ち主が見つからないときや、取りに来ない場合は、拾って届けた人のものにすることができます。このときには「拾得物件預り書」が必要です。

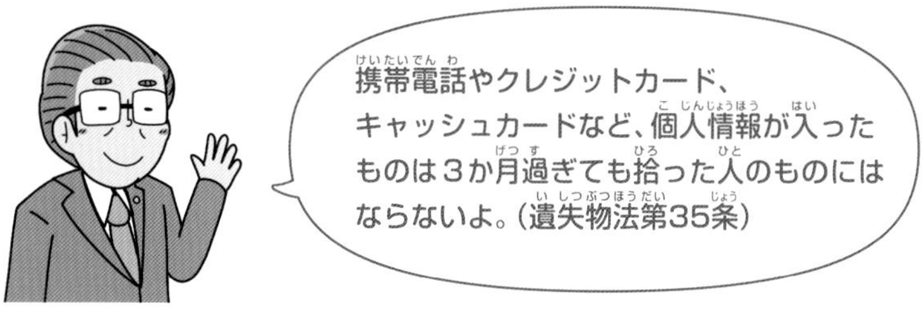
携帯電話やクレジットカード、キャッシュカードなど、個人情報が入ったものは３か月過ぎても拾った人のものにはならないよ。（遺失物法第35条）

もし落とし物をしてしまったら？

落とし物をしてしまったときは、近くにある警察署や交番に連らくして「遺失物届出書」を作成しましょう。

また、もし、携帯電話、クレジットカード、キャッシュカードを落としてしまうと、悪いように使われてしまうことがあります。

そのため、落としてしまったことがわかったときは、すぐに携帯電話の会社やカードの発行会社、銀行などに連らくしましょう。

世界の中でも、日本は
落とし物が戻ってくる確率が
高い国だと言われているよ。

落とし物を探すとき

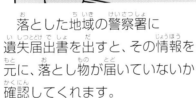

自分がいつ、どこで、どんなものを落としたかを整理しておきましょう。

落とした地域の警察署に遺失届出書を出すと、その情報を元に、落とし物が届いていないか確認してくれます。

あ、これかも！

都道府県警察のホームページでは、警察に届けられた、落とし物のリストを見ることができます。

持ち物についての権利もあるの？

人の持ち物は、「所有権」という権利によって守られています。これにより、自分の持ち物を「これは自分のものだ」と主張することができます。落とし物を拾ったからといって、すぐに拾い主のものにできないのは、所有権が落とした持ち主にあるからなのです。また、持ち主が現れない場合に拾い主が届けた落とし物をもらえるのは、落とし物を届けて3か月たつと、所有権が拾い主にうつると決められているからです。

ぼくたちの、わたしたちの疑問③

交番ではどんな仕事をしているの？

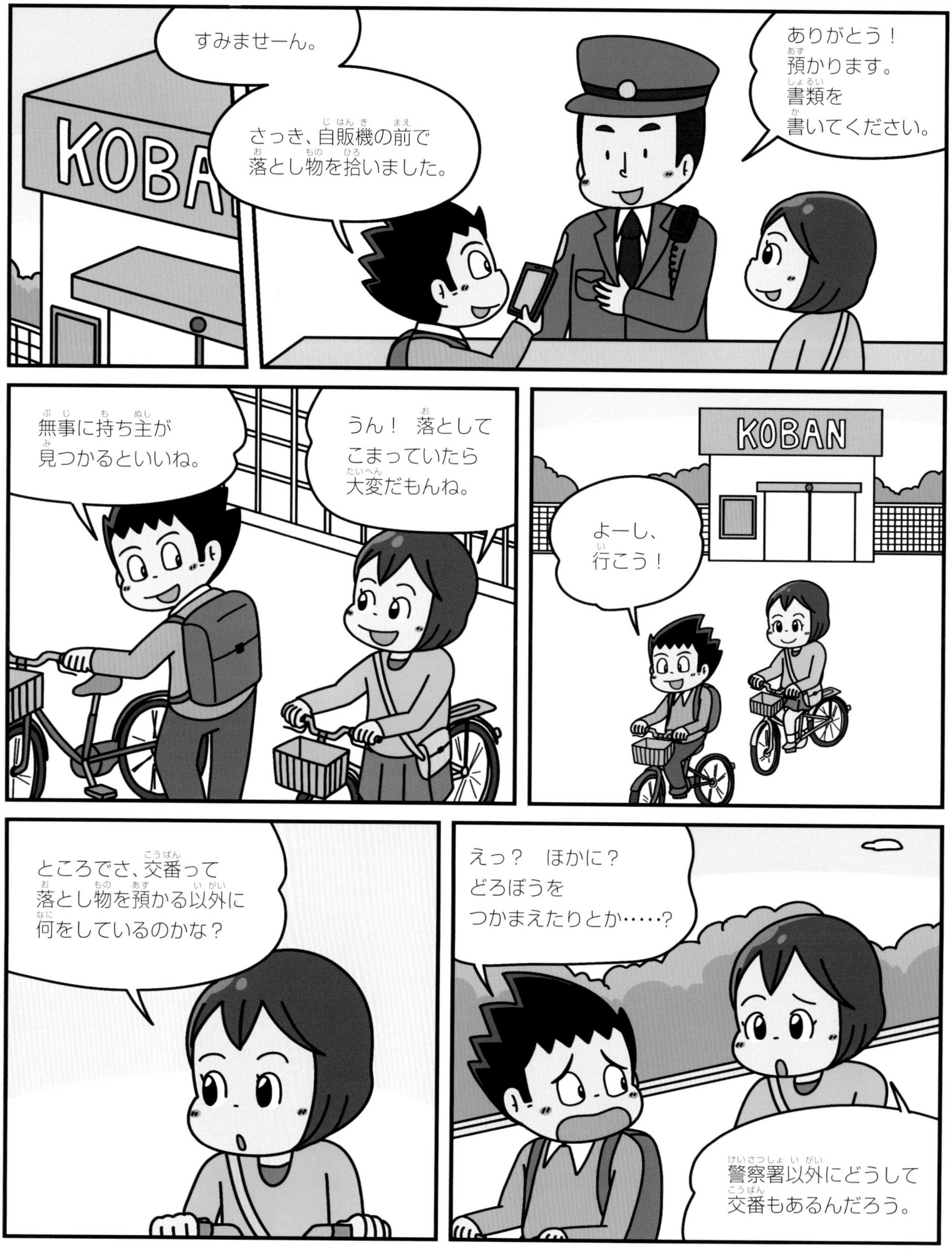

KOBAN
すみませーん。
さっき、自販機の前で落とし物を拾いました。
ありがとう！ 預かります。書類を書いてください。
無事に持ち主が見つかるといいね。
うん！ 落としてこまっていたら大変だもんね。
KOBAN
よーし、行こう！
ところでさ、交番って落とし物を預かる以外に何をしているのかな？
えっ？ ほかに？ どろぼうをつかまえたりとか・・・・・？
警察署以外にどうして交番もあるんだろう。

交番や警察官にはどんな役割があるの？

ぼくの家の近くにも、交番があるよ！

交番は、「地域警察」とも呼ばれ、地域の人の安全を守るための活動をおこなっています。

地域のパトロールや、事件、事故の対応、ほかにも迷子の保護や道案内などで、地域の人の安全と日常のおだやかな生活を守ることを目的としています。

警察の役割や仕事については、「警察法」や「警察官職務執行法」で決められているよ。
仕事が法律で決まっているってすごいね！

法律をチェック

警察法第53条では……

「都道府県ごとに、各地域に対応した警察署を置き、さらに交番を置くことができる」

また、地域警察運営規則第2条では……

「地域警察は、地域の実態を把握し、市民の日常において警戒し、事件にはすぐ対応し、生活の安全と平穏を確保することを任務とする」と決められているよ。

警察官の役割

道案内やパトロールをするなどして、住みやすい地域をつくる。

道路を安全に使うことができるように、交通ルールを指導する。

子どもや地域の人が犯罪にまきこまれないように安全を守る。

事件や事故が起きれば、すばやく対応をし、解決を図る。

外国でもKOBAN

交番は、日本で生まれたものだと言われています。地域の人を守るこの交番の制度は、高く評価され、アメリカやブラジル、アジアの国などでも取り入れられています。そのため、外国でも「KOBAN」と呼ぶ国があります。

ぼくたちの、わたしたちの疑問4

お金をコピーしちゃいけないよね？

よーし！ 駅に出発だ！
あ！ ねえ、カズキくん、見て～！
クレープ屋さんだよ。
クレープ
MENU
うわー！ おいしそう！
食べたいなあ……。買っていく？
うーん、でもこれから映画も見るしおこづかい足りないな。
そうだ！　ぼくもさっき、ジュース買っちゃったし、買えないや。
時間もないし、今日はあきらめよう。
こういうときさ、持っているお金をコピーできたりしたらいいのに……。
それはさすがにダメでしょ。
そうだよね。にせ札をつくるのは犯罪って聞くけど、どんな罪になるのかな？

お金をコピーしたらどうなるの？

お金をコピーできたら億万長者になれるかな！?

お金をコピーすることは、**通貨偽造罪**と言われ、重い罪になってしまいます。また、にせもののお金と知っていて、使うことも犯罪です。

コピー機の中には、お金をコピーしようとすると、ブザー音が鳴ったり、真っ黒にコピーされたりして、コピーできないような仕組みになっているものもあります。

法律をチェック

刑法第148条第1項では……
「お金を発行する権利のない人が勝手にコピーをしたり、お金に似たものをつくったりすることは、無期懲役、または3年以上刑務所に入らなければいけない。また、勝手につくられたものを使用すると同じ刑を受ける」と決められているよ。

※無期懲役とは、刑期を決めずに長期間刑務所に入ること。

お金の工夫

お金は簡単ににせものをつくることができないように、さまざまな工夫がされています。

光に当てると肖像画が浮かびあがります。

文字が少し盛り上がっています。

かたむけると、両端の中央部分がピンク色に光って見えます。

光にすかすと、白いたての線が見えます。

ホログラムという、色や模様が変化するシールのようなものがはってあります。

コピー機では再現することがむずかしいとても細かい文字で「NIPPNGINKO」と印刷されています。

印刷物の中で使いたいときはどうする？

お金の写真を本や教材の中で使用するときには、本物のお金ではないことがはっきりとわかるようにしなければいけません。お金とまぎらわしいものをそのままのせてしまうと、「通貨及証券模造取締法」という法律に違反してしまうことがあります。

見本という文字を入れたり、斜線を入れるなどしなければいけない。

ぼくたちの、わたしたちの
疑問5

自転車のふたり乗りも罪になるの？

じゃあ、ユウリちゃん、うしろ乗せて～！
ぴょん
えっ？でも、ふたり乗りはだめって学校の交通安全教室で教えてもらったよね？
うーん、でも先生は見てないし……。
ちょっとだけだしいいんじゃない？
でも、ちょっとだとしても法律違反になるんじゃない？
え！そしたらつかまっちゃうの？
たしかに、ふたり乗りでぶつかったりしたら、まわりの人にもけがをさせそうだね。
ふたり乗り以外にもしちゃいけないこと、あったよね？なんだっけ……。

自転車に乗るときって、どんなことに気をつければいいの？

よく乗るけれど、わからないことも多いな。

自転車は「軽車両」といって、じつは車の仲間として分類されます。子どもでも簡単に乗れるものですが、気をつけていないと命に関わる事故を引き起こすこともあります。そのようなことを防ぐためにも、法律を守り、安全に運転しなければいけません。

ふたり乗りは原則として禁止されています。また、道路交通法に基づき、各都道府県が道路交通規則という具体的なルールを定めています。

法律をチェック

道路交通法第２条では……
「軽車両は、自転車や荷車などのことをいい、車いすなどの人の歩行を助けるもの以外のことをいう」と決められているよ。

「少しの距離だから……」と思っていても、危険な運転は絶対にしてはいけません！

自転車に安全に乗るための基本ルール

走る場所に気をつける

自転車は、基本的には車道を走ることが法律で決められています。そのほか、自転車が通ってもよいと示す道路標識が歩道などにある場合は、歩道を走ることができます。ただし、13歳未満の子どもや、70歳以上の人、体の不自由な人は、歩道を走ってもよいとされています。（道路交通法第63条の３、63条の4）

自転車専用の道路もある。

車道の左側を走る

車道を走るときには、道路の左側を走らなければいけません。右側を走ると、向かってきた車とぶつかってしまうかもしれないので、危険です。（道路交通法第17条）

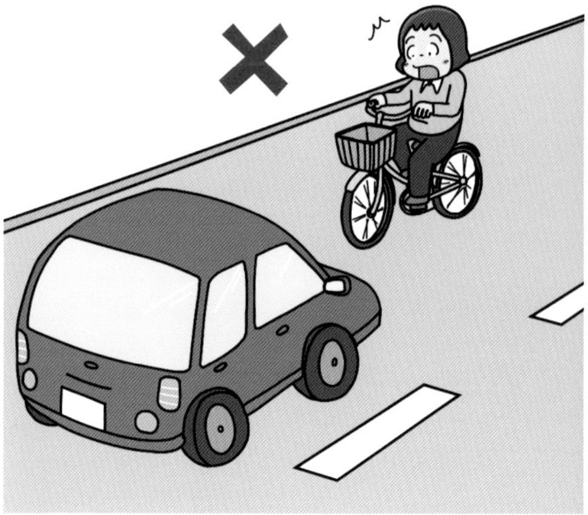

歩道では、歩いている人に気をつける

　歩道は、歩いている人が優先です。
　もし、自転車で歩道を走るときには、車道側によって、ゆっくりと走らなければいけません。（道路交通法第63条の4）
　歩いている人によけてもらおうとして、ベルを鳴らすことは禁止されています。（道路交通法第54条）

チリッ
チリッ

子どもはヘルメットをかぶる

　13歳未満の子どもは、自転車に乗るときには、できるだけヘルメットをかぶるように法律ですすめられています。（道路交通法第63の11）

ヘルメットは
もし事故にあった
とき、頭を守る
ことができる。

ほかにも……

「信号や道路標識をかならず守る」「交差点では左右を確認する」「暗くなる前にライトをつける」など、自転車のさまざまなルールを守って安全な運転を心がけましょう。

2列に並んで、走ることも禁止とされているんだよ。

自転車を点検しよう！

　もし自転車が故障していると、事故につながり、自分だけでなく人にけがをさせてしまう恐れがあります。自転車に何か不具合があった場合はすぐに修理しましょう。ブレーキがきかない自転車に乗るのはとても危険で、法律でも禁止されています。（道路交通法第63条の9項1号）
　故障に早く気づくためにも、定期的に点検することも大切です。

タイヤの空気、
ブレーキやライトも
チェックしよう。

やってしまいがちな自転車の危険な運転ってある？

気をつけているけれど、わたしも危険な運転をしてるのかな？

自転車の乗り方をまちがえると、自分が事故にあったり相手にけがをさせてしまったりすることもあります。

下の自転車の乗り方は、すべて法律に違反すると判断されることがある危険な乗り方です。軽い気持ちで、危険な運転をしないように注意しましょう。

法律をチェック

道路交通法第70条では……
「運転は、ハンドルやブレーキなどを確実に操作して、まわりの状況に応じ、ほかの人を危険な目にあわせないような方法でしなければいけない」と決められているよ。

✕イヤホンやヘッドホンをして運転する

イヤホンなどで音楽を聴きながら自転車に乗ると、まわりの音が聞こえにくくなり、とても危険です。

✕かさをさして運転する

かさをさして片手で運転すると、ブレーキをすぐにかけることができなかったり、バランスをくずしたりと危険です。また、前もよく見えなくなってしまいます。

各都道府県が定めた規制では、かさを固定する機具を使うこともしてはいけないとされていることが多い。

✕スマートフォンを見ながら運転する

片手でスマートフォンなどを操作したり、電話をしたりしながら運転するとハンドルやブレーキをちゃんと操作できず、危険です。

✕不安定な状態で走る

ハンドルに大きな荷物をかけて走ると、うまく操作ができないことがあり、危険です。

ほかに、法律に違反するのはどんなとき？

✕ 信号無視
（道路交通法第７条違反）

✕ 自転車で禁止されているところを走る
（道路交通法第８条違反）

自転車は通行できないと意味する。

✕ 車道の右側を走る
（道路交通法第17条違反）

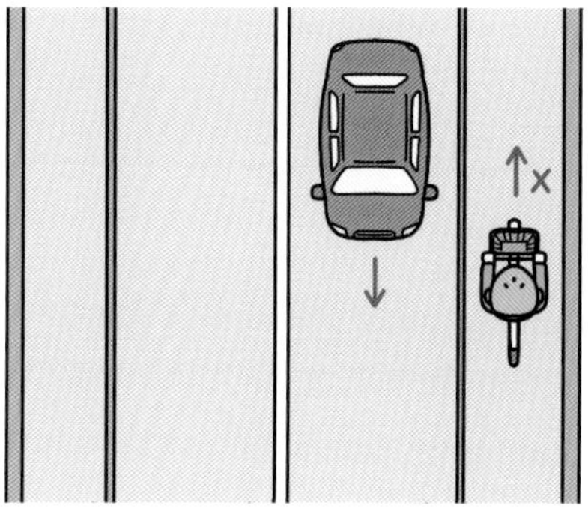

✕ 歩いている人のじゃまになる運転をする
（道路交通法第62条の４違反）

✕ 一時停止の標識を無視して走る
（道路交通法第43条違反）

かならず、一度とまらないといけないことを意味する。

✕ 遮断機が閉じていたり、警報機が鳴っているふみきりに立ち入る
（道路交通法第33条違反）

✕ 右に曲がるとき、直進する車や、左折する車の進行をじゃまする
（道路交通法第37条違反）

✕ そのほかにも……

- 信号のない交差点で車や歩行者のじゃまになる運転をする。
- 歩行者の近くで一時停止しない。
- ブレーキやライトの故障した自転車に乗る。
- まわりを走る車や自転車に対して、いやがらせをするように走る（あおる）。

自転車で法律に違反するとどうなるの？

これまで自転車が関わる事故では、多くの人が法律違反となる危険な運転をしていました。そこで、自転車の交通ルールを徹底し、交通事故を減らすため、2015年から「自転車運転者講習制度」が始まりました。３年以内に２回以上、自転車で一定の違反行為をした14歳以上の人は、この講習を受けなければいけません。

ぼくたちの、わたしたちの疑問6

点滅信号はわたっちゃいけないんだっけ？

点滅している信号ってわたってもいいの？

青信号が点滅しているから、わたってもいいと思う！

青信号が点滅しているときに、まだ横断歩道をわたり始めていないときは、**わたらずに、次に信号が青になるのを待たなければいけない**と法律で決められています。もし、信号をわたっているときに点滅し始めたら、急いで信号をわたりきるか、元の場所に引き返す必要があります。

×
急がなきゃ！

法律をチェック

道路交通法施行令第２条では……「青信号が点滅しているとき、歩行者は道路をわたり始めてはならず、もし横断歩道をわたっている途中であれば、すぐにわたり終えるか、引き返さなければいけない」と決められているよ。

歩行者用信号の青の点滅は、自動車用信号の黄色信号と同じ意味です。自動車も自転車も、黄色信号になってからわたり始めてはいけません。

信号が青なら安心だよね？

信号が青になったからといって、確認せずにすぐにわたると、車や自転車などが曲がってくるかもしれないため、危険です。

横断歩道をわたるとき、青信号になったとしても、左右をよく確認して、思わぬ事故から身を守りましょう。

信号機がないところで、気をつけることはある？

さっとわたっちゃえば大丈夫でしょ！

　信号機がない横断歩道では歩行者が優先され、車はかならずその前で一時停止をしなければいけないことが、法律で決められています。ただし、だからといって確認せずにわたってしまうと危険です。

わたるときには、
手をあげたり運転手に
合図をしたりして、
運転手が自分に気づいて
いるか確認すると、
安心してわたれるよね。

かならず横断歩道をわたらなければいけないの？

車が来てなかったら
どこをわたっても
いいんじゃない？

　近くに横断歩道があるときは、歩行者は横断歩道をわたらなければいけないことが、法律で決められています。

ここを、わたれば
すぐお店なのに……。

法律をチェック 

道路交通法第12条では……
「歩行者は、道路を横断するときに、近くに横断歩道があれば、横断歩道を利用しなければいけない」と決められているよ。

　また、横断歩道の手前から道を出て、ななめに横断することも、法律で禁止されています。

横断禁止

この標識がある
ところでは、歩行者は
道をわたっては
いけないんだって。
覚えておかなきゃ！

もし、交通事故を起こしたら、どうしたらいい？

ええー!?
こわくて、
にげだしたくなり
そうだよ……。

事故にあい、自分がけがをしたときも、相手にけがをさせてしまったときも、絶対にその場からはなれてはいけません。交通事故を起こしてしまった人は、けがをした人の救助をして、そのあと警察に、事故がどのように起き、どのような被害が出てしまったのかを報告しなければいけません。

これは、車の事故だけでなく、自転車の事故でも同じです。

また、交通事故を見かけたときも、けが人の救助などに協力しましょう。

法律をチェック

道路交通法第72条では……
「交通事故があったときは、すぐに運転をやめて、けがをした人の救助をしたあと、警察に事故の報告をおこなわなければならない」
と決められているよ。

事故にあったそのときは、目立ったけががなくても、頭を打ったりして、しばらくして急に体調が悪くなることもあります。被害がないと思っても、かならず報告しましょう。

事故が起きたらすぐ通報しよう

事故があったときには、すぐにまわりの大人に助けを求めましょう。もし、携帯電話やスマートフォンを持っていたら、すぐに110番に、けが人がいるときは119番に通報しましょう。通報したら、係員に落ちついて、正しい情報を話すことが大切です。

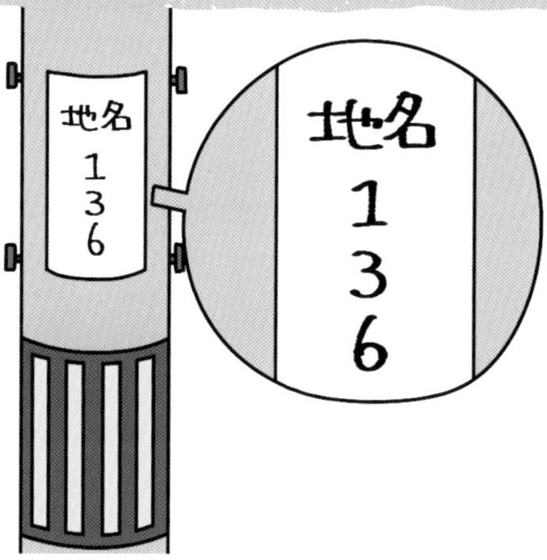

通報で伝えること

1. 何があったか
2. 通報の何分前の出来事か
3. 場所、住所や目印になるもの
4. 被害状況、けが人がいるかどうか

場所がわからないときは、近くにある家屋の壁や電柱に設置された、所在地を示す表示板を見たり、標識や信号機、電柱などに書いてある管理番号を見たりすることで、正しい場所を伝えることができる。近くの目印となる建物や、お店を伝えるのもよい。

ぼくたちの、わたしたちの疑問7 キックボードで道路を走ってもいいの？

シャ
かっこいいなあ、キックボード！ぼくも乗ってみた～い。
楽しそうだよね
でも、わたしのお兄ちゃん、この前、スケートボードで道を走っていたら、
知らないおじさんに注意されたんだって。
あぶないよ！
え！ どうして？危ない乗り方だったとか？
それか、キックボードとかスケートボードは道路では乗っちゃいけないのかな？
もしかしたら、キックボードとかスケートボードにも法律があるのかも！
それだ!!

キックボードやスケートボードにも決まりがあるの？

タイヤがあるし、自転車と同じ法律じゃない？

スケートボードやキックボード、ローラースケートなどはタイヤがついていても車両ではなく、「遊具」だと考えられています。そのため、車道と歩道のどちらを走らなければいけないなどと決められてはいません。

ただし、人や車の多い道で乗ることは、法律で禁止されています。

法律をチェック

道路交通法第76条第4項3号では……

「よく人や車が通る道で、ローラースケートやボール遊びをしてはいけない」

と決められているよ。

もしも、これらで遊んでいるときに、まわりの人とぶつかるなどして、けがをさせてしまった場合、つぐなうために、相手に治りょう費などをしはらわなければいけないこともあります。

また、公園で遊ぶときでも、各公園によって、スケートボードやボール遊びなどについてのルールが決まっていることがあるため、それを守って遊ぶようにしましょう。

道には小さい子やお年よりもいることもあるし、気をつけないと、大けがをさせちゃうことがあるんだよね。

同じように、人や車の多い道でボール遊びなどをするのも法律で禁止だとされているよ。危険だからね。

電動キックボードも同じ決まりなの？

最近では、モーターが取りつけられた電動式のキックボードも見かけるようになりました。しかしこれは、現在の日本の法律では、「原動機付自転車（原付）」のあつかいとなり、歩道を走ることはできません。さらに、運転免許やヘルメットなども必要です。

ぼくたちの、わたしたちの疑問8

壁に落書きをするのはいけないことだよね？

よし、自転車をとめよう。
ねぇ、見て……。
BAD LUCK
うわあ、落書きがいっぱい！
これ、スプレーで書いてあると、なかなか消えないらしいよ……。
ええー!? そうなの?!
こういう落書きって犯罪じゃないのかな？
そうだね。
ぼくも前、学校のつくえに落書きしたら注意されたしなあ……。
壁や人のものとかに落書きをすると、どんな罪になるのかな？

落書きは犯罪なの？

いたずらじゃすまされないのかな？

人のものや建物などに、落書きをすると、**器物損壊罪**や**建造物損壊罪**という罪に問われることがあります。これらは、人のものをこわしたり、傷つけたりしたときに問われる罪です。落書きは、ただのいたずらではなく、立派な犯罪なのです。

法律をチェック

刑法第261条では……
「ほかの人のものをこわす、または傷つけた人は、器物損壊の罪になる」
と決められているよ。

お店の壁に落書きされました。
消すのには、お金も時間もかかるんです……。

都道府県や市区町村が定めている条例によって、落書きについてもっと厳しく取りしまっているところもあるんだよ。

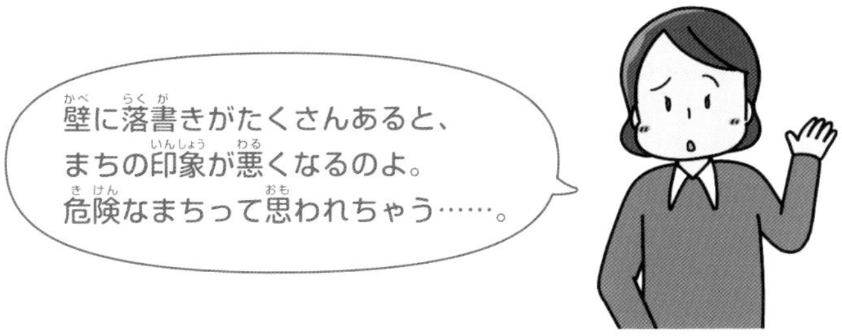

壁に落書きがたくさんあると、まちの印象が悪くなるのよ。
危険なまちって思われちゃう……。

文化財に落書きしたらどうなるの？

日本には、国や地域で大切に保護されている文化財がたくさんあります。その文化財に落書きしたり、汚したりすると、文化財保護法により、器物損壊罪や建造物損壊罪よりもさらに重い罰を受けることがあります。

その場所をおとずれた記念として、自分の名前を書いたなどという事件もありましたが、これも罪となります。

神社やお寺の柱などに文字を書くことは重い犯罪です！
記念に書いちゃおう！

ぼくたちの、わたしたちの疑問9

電車の子ども料金はいつまで？

あっ！トモヤくんとトモヤくんのお母さんだ！
駅
今日はよろしくお願いします！
とりあえず切符を買いましょう。
はーい
料金がふたつあるね。
90
110
300
340
150
170
みんなは安い方を買ってね。
切符に「小」って書いてあるね。
子ども料金っていうことじゃない？
そういえば、ぼくたち6年生だけど、いつまで子ども料金なのかな？
大人っていうことは20歳以上が大人料金なのかな……？

何歳まで子ども料金なの？

ずっと安い方が
うれしいんだけどな。

電車やバスなどの公共交通機関の料金の多くは、小学生までは子ども料金です。しかし、映画館など場所によっては、中学生も子ども料金でよい場所もあります。

料金については、運営する会社の決まりなどによっていつまで子ども料金なのかちがうため、確認することが必要です。

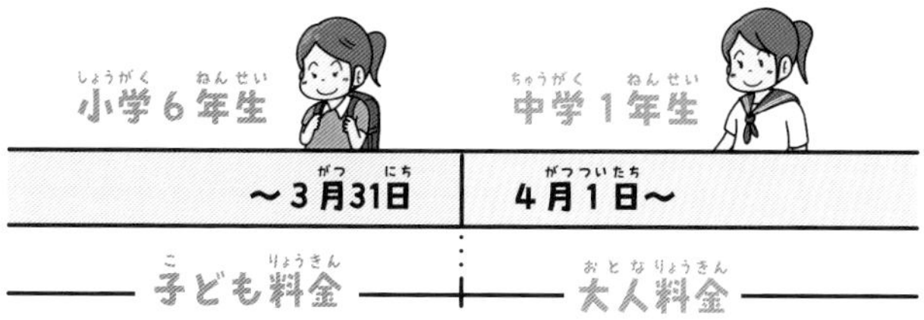

「小学生まで子ども料金」としている場合……
小学6年生
中学1年生
〜3月31日
4月1日〜
子ども料金
大人料金

今日は
3月29日。
まだ子ども
料金だ〜！

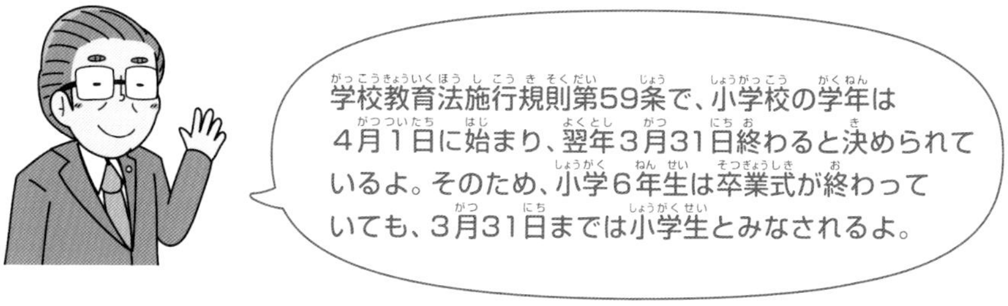

学校教育法施行規則第59条で、小学校の学年は4月1日に始まり、翌年3月31日終わると決められているよ。そのため、小学6年生は卒業式が終わっていても、3月31日までは小学生とみなされるよ。

うそをついて、子ども料金で電車に乗ったらどうなるの？

大人料金をはらわなければいけない年齢なのに、うそをついて、子ども料金で電車に乗ることは犯罪です。鉄道営業法という法律に違反するため、罰を受けることがあります。「きっとばれない」などと、気軽な気持ちでおこなったとしても、立派な犯罪になるのです。

きっぷ
中学生になったけど
安い方で乗りたいな。

法律をチェック

鉄道営業法第29条では……
「決められた乗車券を持たずに乗車した人は、罰金をはらわなければいけない」と決められているよ。

ぼくたちの、わたしたちの疑問⑩

男女平等って何？

電車が入ってきたよ！
ん？
カズキくん、ほら見て！運転士さん、女の人だよ。
本当だ！めずらしい！
トモヤくん、カズキくん、最近は女性の運転士さんが増えてきているのよ。
そっか、運転士さんが男の人の仕事だって決まってるわけじゃないもんね。
そうだね。めずらしいことじゃなくなってきたんだね。
そうよ。性別によって、仕事は決められないの。男女平等って聞いたことあるでしょ？
男女平等、よく聞く言葉だけど、具体的にはどんなことなのかな？

男女平等って法律なの？

日本国憲法では、すべての人が性別によって差別されないことが定められています。

性別以外にも、「外国人だから」「特定の宗教を信仰しているから」のように立場によって、差別をしてはいけません。これを「法の下の平等」といって、法律により、すべての人が平等であることが保障され、ひとりひとりの人権が守られているのです。

法律をチェック

日本国憲法第14条では……
「すべての国民は、法の下に平等であり、人種、信条、性別、社会的身分などにより、差別されない」と決められているよ。

また、憲法では「職業選択の自由」も保障されています。

仕事の内容に関係ないのに、性別によってその職業につけなかったり、性別が理由で、働き方に不利があったりすることのないように、「男女雇用機会均等法」という法律も定められています。

ジェンダーって何？

体のつくりによってのちがいではなく、たとえば「家事をするのは女性」「外で働くのは男性」などと多くの人がとらえてきて、社会的、文化的につくられた性差のことをジェンダーということがあります。この、ジェンダーによって男女の差別が生まれ、社会的に女性が活やくしにくいことがあります。

日本は、教育や健康の面では男女平等だといわれるけど、政治家や社長の男女比を比べると、大幅に女性が少ないなど、まだまだ男女差があるよ。

しかし、現在、日本はさまざまな法律や政策がとられ、男女平等の社会を目指しています。それだけではなく、LGBTなどの性的少数者や、国籍や宗教などによって、差別することのないような、ダイバーシティ（多様性）の考え方が広まってきています。

世界の中でも日本は、国会議員における女性の割合が少ないとされる。

男女平等ってどういうこと？

今の日本は男女平等なのかな？

日本では、働き方だけでなく、男女が平等に活やくできるような社会を実現するために、「男女共同参画社会基本法」という法律が定められています。

法律をチェック

男女共同参画社会基本法第２条では……
「男女が、社会をつくる一員として、自分の考えによって社会のいろいろな分野に参加して、平等に利益をもらえるようにし、そして平等に責任を負うようにするべきである」と決められているよ。

男女が平等に活やくする社会にするため

男女の人権を守る

男女での差別をなくし、ひとりの人間としての能力や個性を大切にする。

家庭生活と社会的活動の両立

男女がどちらも家族の一員として、協力できるように、社会が支援できるような環境をつくる。

社会に参加する

社会をつくるための政策を決定するとき、男女が、平等に意見を言う機会をつくる。

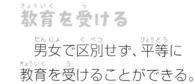

教育を受ける

男女で区別せず、平等に教育を受けることができる。

昔は、女性は教育を受けさせてもらえないこともあったんだよね。

男女平等のため、ほかにはどんな法律があるの？

日本国憲法や、男女雇用機会均等法、男女共同参画社会基本法などのほかにも、日本では、さまざまな法律で性別によって差別されないように決められています。

労働基準法

女性であることを理由として、給料に差をつけることを禁止している。

育児・介護休業法

女性だけでなく、男性も、育児や家族の介護のために、休みなどが取れるように、働く環境を整えることを義務づけている。

間接差別って何？

昔は、女性は選挙に参加できなかったり、特別な理由もなく、女性だけ働く条件に不利があったりすることもありました。このようなわかりやすい差別のほかにも、一見、差別とは気づきにくい「間接差別」と呼ばれるものもあります。たとえば、会社が新しく、働く人を募集するときに、仕事の内容と関係がないのに、「女性は採用しない」とする、直接的な差別でなく、「身長が175cm以上、体重65キロ以上」などと、女性が満たしにくい条件をだすことです。これも、差別の一種だと考えられ、禁止されています。

どうして身長が条件なの？

ぼくたちの、わたしたちの疑問11

万引きがだめなのは知ってるけど、どんな罪になるの？

映画おもしろかった～！
ちょっとおなかがすいたからコンビニ行ってくる！
何買おうかな～。
……ん？
キョロ キョロ
す
あ、あれって……。
うん…
万引き……！？
ど、どうする……!?
ひそ ひそ
お店の人に……って、あ!!

何買うか決めた？
ドキッ
今、万引きしてる人がいたんだよ～。
しーっ！
ええっ!?
お店の人に言ったほうがいいんじゃない？
で、でも、もしぼくたちが言ったことがばれたら……。
仕返しされるかもしれないよ～!?
だけど万引きって犯罪だよね。ほうっておいてもいいのかな……。
そうだよね。万引きってどんな罪になるんだろう。
とりあえず、お母さんに言おう！
お母さーん！

万引きはどんな罪になるの？

絶対にやっちゃいけないことだよね！

万引きは、商品の代金をはらわずに勝手に自分のものにして持ち帰るというものです。これは、**窃盗罪**という罪に問われます。値段が安かったとしても、絶対にやってはいけない犯罪です。

法律をチェック

刑法第235条では……
「ほかの人のお金やものなどをぬすむと、窃盗の罪になり、10年以下、刑務所に入るか、50万円以下の罰金を払わなければいけない」と決められているよ。

30円のおかしだし、ばれないよね！

値段にかかわらず、万引きは絶対にいけません。いくら値段が安くてもお店の人にとっては大切な商品のひとつです。

万引きを見たらどうすればいいの？

万引きしているところを見つけたら、まずは、店員やまわりの大人に報告しましょう。自分で犯人をつかまえようとすると、犯人が怒ってむかってくるかもしれないので、危険です。

うるさい！

友だちに万引きしようとさそわれたら、どうしたらいい？

友だちから万引きにさそわれても、絶対にやってはいけません。また、自分は万引きをせず、友だちの万引きがばれないように、見張りをしていただけでも万引きを助けたとして、罪に問われることがあります。

法律をチェック

刑法第62条では……
「犯罪を直接おこなわず、わきから力をそえて協力することも、罪に問われる」と決められているよ。

人に万引きをするように、強要することも犯罪となる。

商品を持ち出さなくても万引きに!?

書店などで、買っていない本の中身をスマートフォンなどで撮影することを、デジタル万引きと呼ぶことがあります。

本来ならば、買わなければ読めない本を写真に撮ることにより、本を買わずに済んで、書店の売り上げは下がってしまいます。著作権法（→3巻）に違反することもありますので、絶対にしてはいけません。

このページ、
ゆっくり読みたいから
写真に撮っちゃおう～。

ぼくたちの、わたしたちの疑問⑫

知らない人の自転車に、勝手に乗っていくこともいけないよね？

あー！　今日は楽しかったー！
また行きたいね。
あっ！
どうしたの？
わたし、5時までに帰るってお母さんと約束してて……、
急いで先に帰るね！
そうだったんだ。気をつけて帰ってね……！
じゃーね
うん、ありがとう。
バイバイ！
急がないと……、
ん？
自転車だ。
かぎがかかってないし……。
ちょっと借りたら、絶対に間に合う……。
はっ！
だめだめ！　持ち主はぬすまれたと思うよね。そんなのどろぼうといっしょだよね。

人のものを無断で借りたらだめだよね？

いきなりなくなったら、持ち主の人びっくりしちゃうよ……。

「少し借りるだけ」と思っていても、人の自転車を勝手に持ち出すと、ぬすんだと判断され、**窃盗罪**(→38ページ)になってしまうことがあります。

「あとで元の場所に戻せばいいや」と思っていても、持ち主にとっては、とても迷惑です。このようなことは絶対にしてはいけません。

そのほかに、ぬすむためにかぎをこわした場合は**器物損壊罪**(→29ページ)となることもあります。

ちょっとの間、とめるだけだけど、ちゃんとかぎをかけよう。

少しの時間でも自転車から離れるときはかぎをかけて、防犯を心がけることが大切。

しっかりとかぎをかけたり、防犯登録をしたりするなど、犯罪にまきこまれないように、予防しておくのも大切です！

「防犯登録」をしよう！

自転車を買ったときや、もらったときは、「防犯登録」をしましょう。防犯登録は法律でも義務になっています。防犯登録をしておくと、ぬすまれにくくなり、また、もし自転車をぬすまれてしまったときも取り戻しやすくなります。

たとえば、ぬすまれた自転車が見つかったときに、防犯登録の情報を元に、警察から持ち主に連絡が入ります。

軽犯罪法って何？

「軽犯罪法」は、人に迷惑をかけたり、いやな思いをさせたりする行動を取りしまり、社会の秩序を守るための法律です。軽犯罪法で罪になるとされる行動の中には、ふだん生活している中で、罪だと思わずにやってしまっていたり、いたずらでやってしまったりすることもふくまれていることがあります。

軽犯罪に問われたときは、１日以上30日未満、刑務所に入る（拘留）、または1000円以上10000円未満のお金をはらわなければいけません（科料）。

？ 軽犯罪法で罪になるのはどんなとき？

ここはおれの場所だー！

列にわりこむ

公共の場所で、乱暴なおこないをして迷惑をかけて、乗り物を待つ列や切符などを買う列にわりこみ、列を乱す。（軽犯罪法第１条第13号）

卒業式でいたずらをする

卒業式など、人が集まって儀式や行事をしているときに、いたずらなどをして進行できないようにする。（軽犯罪法第１条第24号）

わたしの好きなアイドルのポスター、はっちゃおう♪
whitest

勝手にポスターをはる

ポスターなどのはり紙を、建物に勝手にはりつけたり、ほかの人が許可を得てはったはり紙を勝手にはがしたり、汚したりする。（軽犯罪法第１条第33号）

さっき事故がありました。

うその通報をする

110番や119番に連らくして、犯罪や災害があったとうその通報をする。（軽犯罪法第１条第16号）

危険なものを持ち歩く

仕事や日常生活で使うためなどの理由がなく、刃物などの人を傷つける可能性がある凶器を持ち歩く。（軽犯罪法第１条第２号）

人のいるところにものを投げつける

まわりの人の体や建物を傷つけてしまう可能性がある場所で、ものを投げるなどする。（軽犯罪法第１条第11号）

まわりの人に迷惑をかける行動をする

公共の乗り物の中や、公共の施設などでまわりの人に迷惑をかけるような、乱暴なおこないをする。（軽犯罪法第１条第５号）

ここ、かくれ家にしちゃおう♪

空き家をかくれ家にする

人が住んでいない空き家や、管理する人がいない施設などで、勝手に生活をしたり、身をひそめる。（軽犯罪法第１条第１号）

想像してみよう

軽い気持ちでした、悪いことの裏では……

おい、カズキ。このガム、万引きしちゃおうぜ！
えっ！万引き!?
30円のガムくらい平気だよ。ほら、ばれる前に帰るぞ。
う、うん。あっ！
ニョキ
カズキの悪さメーター
じゃあな
さっ
この自転車、かぎがかかっていない。乗っていっちゃおう！
早く逃げなきゃ。
……ん？
ニョキ
ニョキ
雨だ。だれかのかさ、借りちゃおうっと。
ニョキ
ニョキ
家まであとちょっとだし、かささして、自転車乗っちゃうぞ。片手でも平気～♪
プップー
キキー!!
わあああああ！

っていう夢を見たんだ。
夢でよかったね。
悪いことをしていくうちにだんだんと平気になっていく自分がこわかったよ。
どんな小さなことでも、法律はちゃんと守らないといけないね。
そうねー
カズキくん、それだけじゃなくて相手のことも考えてごらん。
たとえば……
店の人は……
また万引きされているよ……。もうけが出なくて、閉店しなくちゃいけないかもなあ。
自転車をとられた人は……
えっ!? 自転車がない！ ショック……。荷物もこんなに多いのに……！
かさをとられた人は……
あれ？ わたしのかさがない！ 雨がふっているのに、かさがないと、風邪ひいちゃうよ。

そっか。
自分がしたことによって
だれかが悲しい思いをしているかもしれないんだね。
そうだね。「法律でだめだからやらない」というのもそうだけど、
そのおこないによってまわりの人が、どんな気持ちになるか考えることも大切だよ。
わたしもどんなときも思いやりをもって行動したいな。
うん！
じゃあね
じゃあ、ぼく駅前にあるお店によって帰るね。
自分も相手も悲しい思いをしないようにルールを守って運転するぞ。
ん？
きのう、スマホを届けた交番だ。
KOBAN
届いていてよかったです！思い出の写真がたくさん入ってるんです！
自分の行動によって相手が喜ぶこともあるんだよね……！
よかった

さくいん

この本に出てくる、おもな用語や法律をまとめました。
見開きの左右両方に出てくる用語は、左のページ数のみ記載しています。

監修

小島洋祐 虎ノ門法律経済事務所 弁護士

開成高校・中央大学法学部卒業。昭和45年に弁護士登録、東京弁護士会所属。東京弁護士会常議員、日弁連代議員。法務省、人権擁護委員を２期（６年）務め、その後、港区教育委員会教育委員を５期（18年、うち教育委員長５回）、都市計画審議会審議委員２期（６年）歴任。港区社会福祉協議会理事など。

髙橋良祐 公益財団法人才能開発教育研究財団日本モンテッソーリ教育綜合研究所 所長

東京学芸大学教育学部数学科卒業。学研ホールディングス特別顧問。元港区教育委員会教育長。東村山市立秋津東小、世田谷区立東大原小、町田市立鶴川第三小（教頭）、中央区教育委員会（指導主事）、港区教育委員会（指導室長）、東村山市立化成小（校長）を経て、2004年から港区教育委員会教育長に。2012年10月に退職。専門は算数。著書に『新しい授業算数Q&A』（日本書籍／共著）、『個人差に応じる算数指導 4年』（東洋館出版）など。

渡辺裕之 千代田区立番町小学校 校長

東京学芸大学大学院教育学研究科 国語教育・日本語教育分野修了 教育学修士。公立小学校教諭として入都後、三鷹市教育委員会指導主事、世田谷区立城山小学校副校長、港区教育委員会統括指導主事を歴任。後に大田区立蒲田小学校校長、港区教育委員会指導室長（東京都教育委員会主任指導主事派遣）、千代田区立和泉小学校校長を経て現職。専門は国語教育、外国人児童生徒教育。

指導協力 柏原聖子（元東京都公立小学校）
林みゆき（江戸川区立二之江小学校）
木田義仁（品川区立芳水小学校）
菅彰（足立区立千寿桜小学校）
飯田学（葛飾区立本田小学校）

デザイン 株式会社 参画社

イラスト 深蔵

校正 村井みちよ

編集制作 株式会社 童夢

小学生からの
なんでも法律相談
全5巻

1巻 法律って何だろう？
2巻 学校の中には法律がいっぱい
3巻 どうしよう？ 友だちとのトラブル
4巻 まちの中のいろいろな法律
5巻 これから大人になるみなさんへ

全巻セット定価：本体14,000円（税別）
ISBN978-4-580-88651-3

小学生からの
なんでも法律相談
4巻 まちの中のいろいろな法律

ISBN978-4-580-82432-4
C8332 / NDC 320 48P 30.4×21.7cm

2020年11月30日 第1刷発行

監修 小島洋祐 髙橋良祐 渡辺裕之
発行者 佐藤諭史
発行所 文研出版 〒113-0023 東京都文京区向丘2丁目3番10号
〒543-0052 大阪市天王寺区大道4丁目3番25号
代表 (06)6779-1531 児童書お問い合わせ (03)3814-5187
https://www.shinko-keirin.co.jp/

印刷所／製本所 株式会社 太洋社

あ、すぐ
そこにあるから
取れそうだね。
ピンポンして
みようか。
庭だけだし、ちょっと
入って取ればよくない？
門も開いてるし！
人の家の庭に入るにも
法律が関わっているなんて
知らなかったな。
こういうときさ、
持っているお金を
コピーできたりしたら
いいのに……。
それはさすがに
ダメでしょ。
犯罪を防止するお札の
工夫があると知って
びっくりしたよ。
あ！ そうしたら
ふたり乗りしようよ！
「ちょっとだけだから」と
思っていても、命に関わる
事故を引き起こすかも
しれないのよね。